Karl Johaentges [Fotos]
DER HARZ
Heinrich Thies [Texte]

△ Das Bodetal zwischen Treseburg und Thale ist eines der ältesten Naturschutzgebiete in Deutschland – wild-romantisch und sagenumwoben.

Sagenhaft

Von Hexen, germanischen Göttern und realen Attraktionen

Wer an den Harz denkt, hat vermutlich irgendwann eine schaurig-schöne Gestalt vor Augen: die Gestalt einer zahnlos grinsenden Hexe, die auf ihrem Besen durch die Lüfte reitet. Schon im Mittelalter verbreitete sich das Gerücht, dass einmal im Jahr alle Hexen aus deutschen Landen auf dem Brocken zusammenträfen, um ein höllisches Fest zu feiern. Dieses Gerücht lieferte nicht nur den Stoff für Sagen, sondern auch für Anklagen mit schlimmen Folgen: In etlichen Protokollen der Hexenverfolgung ist der Brocken als Tatort aufgeführt. Tatzeit: Walpurgisnacht.

Spätestens seit Goethe die Harzhexen in seinem »Faust« verewigt hat, haben sie aber den Rang von klassischen Fantasiewesen mit folkloristischem Wiedererkennungswert erlangt. In Deutschlands nördlichstem Mittelgebirge ist heute kein Souvenirladen ohne die Damen mit dem charakteristischen Besen denkbar. Der eigentliche Stoff, aus dem die Harzhexen sind, ist aber wohl der Nebel, der so oft über dem Brocken wallt.

Dunst und Nebel haben vermutlich auch sonst die Fantasie der Besucher beflügelt und zu einer Mythenbildung beigetragen, die dieses Gebirge umwölkt wie keine andere deutsche Landschaft.

Böse Zungen behaupten, dass die Harzgemeinden Zuflucht zu Hexen, Zwergen wie auch anderen Sagen- und Märchengestalten nehmen, weil sie in Wirklichkeit ziemlich langweilig sind. Doch das ist eine Unterstellung. Selbstverständlich kann es der Brocken mit seinen 1142 Metern nicht mit der Zugspitze aufnehmen, aber im Norden Deutschlands ist er weit und breit der Größte.

Was dieses Mittelgebirge im Schnittpunkt von Niedersachsen, Sachsen-Anhalt und Thüringen an realen Attraktionen zu bieten hat, dokumentieren schließlich auch die wunderbaren Fotos von Karl Johaentges. Bei näherer Betrachtung erweist sich der Harz, der sich von Ost nach West über eine Länge von 110 Kilometern und von Nord nach Süd über 30 bis 40 Kilometer erstreckt, als äußerst vielgestaltig. Neben schönen Wandergebieten wie dem Bodetal und Skiarealen wie dem Wurmberg in Braunlage finden sich durchaus auch kulturgeschichtlich bedeutende Schlösser, Burgen, Klöster oder Fachwerkstädte. Und es lohnt sich nicht nur, den Harz in der Länge und Breite zu durchmessen, sondern auch in der Höhe und Tiefe. Ganz oben lockt die Gipfelwelt mit Weitblick und klimatischen Extrembedingungen, unten vermitteln Höhlen und Bergwerksstollen Einblicke in Erd- und Menschheitsgeschichte. Der Abbau von Silber und anderen wertvollen Erzen hat die Region einst reich gemacht und prägt sie bis heute; sogar die Sprache ist davon beeinflusst: Im Oberharz wird nach wie vor eine Mundart gesprochen, die im 16. Jahrhundert durch eingewanderte Bergleute aus dem Erzgebirge Einzug hielt und auf die etwa die Bezeichnung »Baude« für Wirtshaus – wie die »Schierker Hexenbaude« – zurückgeht.

Das Kerngebiet des Harzes ist durch den Nationalpark geschützt, der mit einer Fläche von 24 700 Hektar der größte Waldnationalpark Deutschlands ist und sich von Wernigerode und Ilsenburg im Norden bis Herzberg und Bad Lauterberg im Süden erstreckt. Seit dem Jahre 2006 vereint der Schutzraum die Harzregionen in Niedersachsen und Sachsen-Anhalt, die bereits Anfang der neunziger Jahre Nationalpark-Status erlangten. Während in den unteren Zonen Buchenwälder das Bild prägen, sind oberhalb von 700 Metern Fichtenwälder vorherrschend. Berühmt sind zudem die Hochmoore und Granitklippen. Wasserläufe erhöhen den natürlichen Reiz dieser Landschaft zusätzlich. Und gleich neben den Quellgebieten von Bode, Oder und Ilse machen sich Stauseen breit, die zur Regulierung des Wasserstands ebenso beitragen wie zur Stromerzeugung und Trinkwasserversorgung.

Manch seltene Tierart hatte bereits im Bereich des Todesstreifens, der einst den Harz durchschnitt und besonders hermetisch abgeschirmt war, ein Rückzugsgebiet gefunden. Heute ist an die Stelle der früheren deutsch-deutschen Grenzregion das Grüne Band getreten – ein Lebensraum für bedrohte Flora und Fauna, der im Harz durch den Nationalpark erweitert ist. Zu den Bewohnern des geschützten Areals zählt außer Rothirschen, Wanderfalken und Bachforellen auch der Luchs, der seit dem Jahr 2000 erfolgreich ausgewildert wurde. Entgegen mancher Befürchtungen ist bisher noch niemand von der Wildkatze zerfleischt worden.

Gleichwohl sind nicht alle glücklich mit dem Nationalpark. Vor allem die Tourismusbranche klagt bisweilen. Zum Beispiel die Betreiber der Seilbahn am Wurmberg. Seit Jahren schon besteht die Idee, das Skigebiet um eine 2,5 Kilometer lange Abfahrt vom Nordhang nach Schierke zu erweitern. Da Schierke jedoch jenseits der niedersächsischen Landesgrenze im Schutzgebiet liegt, hatte eine Genehmigung bisher wenig Aussicht auf Erfolg.

Doch schon die bestehenden Abfahrten mit einer Gesamtlänge von rund zehn Kilometern, einer Kabinenbahn und drei Schleppliften machen den Wurmberg zum größten Skigebiet Norddeutschlands. Auch Niederländer, Belgier und Dänen nutzen die Pisten. An Wochenenden ist allerdings viel Geduld vonnöten. Dann kann es geschehen, dass man den größten Teil der Zeit in den Warteschlangen vor den Liften verbringt. Als Alternative bieten sich die kleineren Skigebiete mit kürzeren und zumeist flacheren Abfahrten an – zum Beispiel in St. Andreasberg, Sonnenberg, Hohegeiß, Hahnenklee oder am Ravensberg bei Bad Sachsa. Wer es vorzieht, in die stille winterliche Landschaft einzutauchen und sich abseits der Masse zu bewegen, kann natürlich auch auf Langlaufskiern durch die Wälder gleiten. Das Loipennetz bietet Strecken für alle Schwierigkeitsgrade. Nur fehlender Schnee setzt dieser und jeder anderen Wintersportart bisweilen Grenzen.

Wandern dagegen ist im Harz bei fast jedem Wetter möglich. Dabei kann man sich auf die Spuren berühmter Vorgänger begeben. Johann Wolfgang von Goethe ist durch seine Harzreisen ebenso zum Namenspatron für Wanderwege geworden wie Heinrich Heine. »Ich bestieg Hügel und Berge, betrachtete, wie Sonne den Nebel zu verscheuchen suchte, wanderte freudig durch die schauernden Wälder, und um mein träumendes Haupt klingelten die Glockenblumen von Goslar«, notierte Heine 1824. »In ihren weißen Nachtmänteln standen die Berge, die Tannen rüttelten sich den Schlaf aus den Gliedern, der frische Morgenwind frisierte ihnen die herabhängenden, grünen Haare, die Vöglein hielten Betstunde, und das Wiesental blitzte wie eine diamantbesäete Golddecke.« Die Hymne blieb nicht ohne Wirkung. Der Harz erhielt im 19. Jahrhundert mächtig Zulauf.

Wer sich lieber im Geist der Gegenwart bewegen möchte, kann sich an der Harzreise des Dresdner Autors Thomas Rosenlöcher orientieren. »Die Wiederentdeckung des Gehens beim Wandern« lautet der Titel des Taschenbuchs, das in der Zeit der Wende spielt und die Gegend nicht nur als Paradies schildert. Von Quedlinburg (Ost) bis Goslar (West) – die Welt ist aus den Fugen.

△ Was wäre der Harz ohne seine Hexen? Kein Souvenirladen zwischen Goslar und Quedlinburg ist ohne die Damen mit den charakteristischen Besen denkbar.

Bei aller Ironie hat aber auch Rosenlöcher dazu beigetragen, den Harz literarisch zu veredeln. Und anders als bei den Hexengeschichten basiert sein Reisebericht auf realen Begebenheiten.

Die Ostharzgemeinde Thale dagegen hat sich ganz den alten Mythen verschrieben. Ein sogenannter Mythenweg führt hier mitten in die germanische Götterwelt. Künstler haben dafür sagenhafte Figuren in Plastiken verewigt. Im Zentrum steht der »Brunnen der Weisheit«, der mit einer Wotansfigur geschmückt ist. In der bereits 1901 auf dem Hexentanzplatz erbauten Walpurgishalle sind fünf Großgemälde zu bestaunen, die Szenen aus der Walpurgisnacht in Goethes »Faust« darstellen.

Dabei sind in Thale eigentlich gar keine Künstler erforderlich, um die regionalen Mythen in Szene zu setzen. Die gesamte Felswelt ist Schauplatz zahlreicher Sagen. Zum Beispiel die Rosstrappe, ein Granitmassiv über dem Bodetal. Der Felsen ist verwoben mit der Geschichte von der Königstochter Brunhilde, die bei einer panischen Flucht vor drohender Zwangsheirat mit dem König Bodo vom Hexentanzplatz gesprungen und mit ihrem Pferd auf jener Rosstrappe gelandet sein soll. In einem »Sagen-Pavillon« am Originalschauplatz ist dazu Näheres zu erfahren – audiovisuell aufbereitet wie auch die übrigen Legenden der Region.

Mit Geschichten anderer Art verzaubert das Bergtheater auf dem Hexentanzplatz von Thale sein Publikum. Operetten und Musicals sind hier in der warmen Jahreszeit ebenso unter freiem Himmel zu sehen wie Schauspiele und Kindertheaterstücke.

Doch was für den gesamten Harz gilt, gilt in besonderem Maße für Thale: Die Gemeinde am Fuße des Bodetals ist so reich an landschaftlicher Schönheit, dass niemand darauf angewiesen ist, sich in Phantasiewelten zu flüchten. Ein Netz von Wanderwegen mit einer Gesamtlänge von 122 Kilometern lädt hier zum Naturerleben ein. Das Bodetal, das als Grand Canyon des Harzes gerühmt wird, war vor 200 Jahren praktisch noch nicht begehbar. Heute bietet die schroffe und urwüchsige Landschaft nicht nur seltenen Tieren und Pflanzen einen Lebensraum, sondern auch Menschen, die nach Entspannung abseits der lärmenden Zivilisation suchen. Auch der Sagenwelt des Harzes kommt man hier näher als andernorts. Auf ganz natürliche Weise.

Der Glanz vergangener Tage

Nicht nur Schlösser, Burgen und Fachwerkpaläste zählen zum Welterbe

Wahrlich Weltbewegendes hat sich in der Kaiserpfalz zu Goslar zugetragen. Zum Beispiel wurde hier im Pfahlbezirk 1050 Heinrich IV. geboren, der am gleichen Ort schon in jungen Jahren miterleben musste, wie sich der Streit um eine Sitzordnung zwischen dem Bischof von Hildesheim und dem Abt von Fulda zum blutigen Gemetzel auswuchs. Später nahm der König in der Kaiserpfalz ein Schreiben in Empfang, mit dem ihm der Papst die Exkommunizierung androhte und den Investiturstreit auslöste – der legendäre Gang nach Canossa war die Folge. Auch Kaiser Barbarossa und Heinrich der Löwe sollen in Goslar zusammengetroffen sein und um die Macht im Reich gerungen haben.

Das 54 Meter lange und 18 Meter breite Kaiserhaus im Zentrum des Pfahlbezirks galt im Mittelalter als größter Profanbau nördlich der Alpen – eine Art Tagungshotel für durchreisende Monarchen. Heute bekommt man hier gekrönte Häupter nur noch bei Kindergeburtstagen zu sehen. Der Nachwuchs nämlich darf sich in dem ehrwürdigen Gemäuer mit Blick auf die sagenumwobenen Herrscher auf den Wand- und Deckengemälden zum Kaiser krönen lassen – mit einer Krone aus Goldpapier, versteht sich.

Der Glanz vergangener Tage schimmert auch andernorts im Harz durch. Schlösser und Burgen, Kirchen, Klöster, Rathäuser und Fachwerkpaläste künden vom Ruhm und Reichtum einer Zeit, in der noch wertvolle Erze aus den Bergen der Region zutage gefördert wurden. Nicht umsonst hat die UNESCO die Altstadt von Goslar (einschließlich der Kaiserpfalz) ebenso zum Welterbe erhoben wie die Altstadt von Quedlinburg.

Neben der Kaiserpfalz zählt in Goslar vor allem der Huldigungssaal im Rathaus zu den Glanzpunkten. »Ein einzigartiges Kleinod spätgotischer Raumkunst«, wie die Stadt zu Recht in ihren Fremdenverkehrspro-

◁ Kaiserstadt und Welterbe: In Goslar mischt sich die Architektur der Jetztzeit mit ehrwürdigen Bauwerken der Vergangenheit auf engem Raum.

spekten rühmt. Wände, Decke und sogar die Fensternischen sind vollständig mit Tafelgemälden ausgekleidet – und jedes Einzelgemälde fügt sich in den überwältigenden Gesamteindruck ein.

Das Rathaus ist bei weitem nicht das einzige sehenswerte Gemäuer dieser Altstadt. Gleich daneben erhebt sich das 1494 erbaute Gildehaus. Zu einem Besuchermagneten hat sich das Glockenspiel auf dem Zwerchgiebel des Kämmereigebäudes an der Ostseite des Marktplatzes entwickelt. Viermal täglich promenieren hier zur Melodie des Steigerliedes vor den Augen der Touristen bunte Figuren, die die Geschichte des Bergbaus und der Stadt Goslar symbolisieren. Die Realität des Bergbaus ist im Museum am Rammelsberg zu besichtigen, das ebenso in das Weltkulturerbe aufgenommen wurde wie das Oberharzer Wasserregal.

Seit Mitte der neunziger Jahre erstrahlt auch Quedlinburg wieder in alter Pracht. Mit seinem mittelalterlichen Grundriss und den 1200 Fachwerkbauten aus sechs Jahrhunderten gehört das Städtchen im Ostharz zu den bedeutendsten Kulturdenkmälern Deutschlands. Ein Spaziergang durch die Altstadt mit ihren verwinkelten Gassen und kopfsteingepflasterten Plätzen ist wie eine Wanderung durch die deutsche Geschichte. Aus den aufgeputzten, teilweise reich verzierten Häusern ragt vor allem die Stiftskirche St. Servatius empor, die über einen Domschatz von europäischem Rang verfügt. Zum Inventar zählt ein goldverzierter Elfenbeinkasten aus dem frühen Mittelalter, ein bei den Kreuzzügen erbeuteter Kamm aus Ägypten und das berühmte Samuhel-Evangeliar, ein Prachtband mit 191 Pergamentseiten und kunstvoller Handschrift mit Goldtinte aus dem 11. Jahrhundert.

Eine andere Kostbarkeit der Stadt schlummert nicht im Verborgenen, sondern ist weithin sichtbar: das Renaissance-Rathaus mit der Roland-Statue am Marktplatz. Zum Welterbe gehören zudem der Münzenberg mit der romanischen Klosterkirche St. Marien, die Kirche St. Wiperti mit ihrem Abteigarten sowie der nahe gelegene Brühl-Park.

Eine Reise ist auch Wernigerode wert. Heidedichter Hermann Löns beschrieb den Ort am Fuße des Brockens einst als »bunte Stadt im Harz« und hatte dabei vermutlich die Fachwerkhäuser vor Augen, die sich damals wie heute in bunten Farben präsentieren. Der obere Teil des repräsentativen Rathauses zum Beispiel ist in warmem Rot gehalten, der Unterbau ist gelb und das Dach blau. Die Altstadt mit ihren schönen kleinen Läden, Cafés und den wuchtigen Kirchen lädt zum Bummeln ein.

Über allem thront das Wernigeröder Schloss. Der Märchenpalast auf dem Agnesberg erhielt seine heutige Gestalt erst Ende des 19. Jahrhunderts, gründet aber auf den Fundamenten einer mittelalterlichen Burg. Er beherbergt ein vielbesuchtes Museum und eine Außenstelle der Stiftung Dome und Schlösser in Sachsen-Anhalt. Eine Schlossführung bietet Einblicke in die Wohnkultur des deutschen Hochadels in der zweiten Hälfte des 19. Jahrhunderts – vom prunkvollen Festsaal oder schicken Roten Salon der Fürstin Anna bis in die herrschaftlichen Schlafzimmer. Auch Wäschekammer und Kellergewölbe sind zu besichtigen.

Die prägenden Umbauten ordnete Graf Otto von Stolberg-Wernigerode (1837–1896) an. Der einstige Hausherr brachte es zwar nicht zum König – wie das »Königs-Arbeitszimmer« vermuten lässt –, war aber immerhin drei Jahre Vizekanzler in der Regierung Bismarcks. Nicht ohne Stolz rühmen die Wernigeröder ihr Schloss als »Neuschwanstein des Harzes«.

▷ Weithin sichtbar sind die Befestigungsanlagen der mittelalterlichen Altstadt Goslars. Die Tore wurden einst zu wahren Torburgen ausgebaut, um die Bewohner vor ungebetenen Gästen zu schützen.

△ Die Domvorhalle, die der Kaiserpfalz in Goslar gegenübersteht, war einst Teil der gigantischen Stiftskirche St. Simon und St. Judas, die Heinrich III. zwischen 1047 und 1056 errichten ließ. 1819 wurde die baufällige Stiftskirche abgerissen – nur der Vorbau blieb stehen. Bis heute.

▷ Am Rande der Altstadt von Goslar erhebt sich die Kaiserpfalz, in der einst führende Repräsentanten des Mittelalters wie König Barbarossa residierten – und Geschichte schrieben.

△ Das älteste Gildehaus Goslars beherbergt seit 200 Jahren eine historische Herberge: Hotel Kaiserworth. Acht Kaiserfiguren zieren die eindrucksvolle Hausfront.

△ Der Huldigungssaal im Goslarer Rathaus ist eine
Kostbarkeit spätgotischer Raumkunst. Die Decke, die
Wände, ja sogar die Fensternischen sind vollständig
mit Tafelgemälden ausgekleidet – auch die Nische
für den Altar.

◁ △ Das Besucherbergwerk Rammelsberg am Südrand
Goslars zählt zum UNESCO-Welterbe – rund
1000 Jahre wurde hier wertvolles Erz zutage gefördert. Heute darf die Anlage besichtigt werden,
ein Museum informiert über die Geschichte.

△ Die repräsentative Spielbank von Bad Harzburg lockt
nach wie vor mit der Aussicht auf großen Gewinn.

△ Die Trinkhalle von Bad Harzburg zeugt vom mondänen
Kurbetrieb vergangener Tage – heute hat hier jeder Zutritt.

◁ △ Zwischen Goslar und Altenau windet sich die Oker durch felsige Schluchten und verwandelt sich bisweilen in einen reißenden Strom. Der Oberlauf wurde allerdings 1956 durch die Talsperre zu einem Stausee. Im Winter verbirgt sich das Wasser im frostigen Okertal oft unter einem dicken Eispanzer.

▷▷ Hahnenklee bietet seinen Besuchern im Winter nicht nur Attraktionen unter kaltem Himmel wie tiefverschneite Fichten, sondern auch eine Holzkirche, die es in sich hat. Das 1908 geweihte Gotteshaus ist eine Nachbildung der Stabkirche Borgund, die schon seit dem 14. Jahrhundert in Norwegen steht.

▷▷ Seiten 26/27: Die Marktkirche in Clausthal-Zellerfeld ist eine der größten Holzkirchen Deutschlands. Auch der kunstvolle Orgelprospekt ist aus Holz – geschnitzt von Albrecht Unger aus Nordhausen im Jahre 1759. Über der Orgel spannt sich ein Holztonnengewölbe, das von hohen Fichtenstämmen getragen wird.

△ Schloss Herzberg thront mit seiner weiß-roten Fachwerkfassade und dem Uhrturm auf einer bewaldeten Anhöhe über dem gleichnamigen Harzstädtchen und lädt mit einem Restaurant und Museum zur Einkehr.

△ Auch Osterode am südwestlichen Rand des Harzes lohnt eine Reise. Besonders sehenswert ist das Alte Rathaus im Herzen der Altstadt.

△ ▷ Das Kloster Walkenried erinnert nicht nur an seine mittelalterliche Vergangenheit als bedeutende Stätte des Zisterzienserordens, sondern nimmt mit seinen Kreuzgangkonzerten auch aktiv am Kulturleben der Gegenwart teil. Die ehemalige Klosterkirche ist indessen nur noch als Ruine erhalten.

△ Der Weg »Zur Himmelspforte« führt in Hohegeiß bei Braunlage durch eine gleichnamige Holzkirche, die bereits zwischen 1701 und 1704 erbaut wurde – im Stil der Barockzeit. Die rotgestrichene Außenfassade steht in reizvollem Kontrast zum weißen Innenraum der Kirche.

▷ Die Wege in Sankt Andreasberg sind kurz und steil. Der Luftkurort im Oberharz ist die kleinste selbstständige Stadt Niedersachsens.

◁ △ Ein Bergwerksmuseum in einem idyllisch gelegenen Holzhaus informiert in
Sankt Andreasberg über die Grube Samson. Das einstige Silberbergwerk
verfügt über die letzte voll funktionsfähige Drahtseil-Fahrkunst der Welt –
einst angetrieben von einem riesigen Wasserrad mit zwölf Metern Durchmesser.

Der Brocken ruft

Vom Horchposten zum Wanderziel

Es war eine Wanderung der besonderen Art. Mehrere hundert Menschen hatten sich am 3. Dezember 1989 von Schierke aus auf den Weg gemacht, um einen Berg zu erklimmen, der seit fast 30 Jahren streng abgeriegelt war. »Freier Brocken für freie Bürger«, stand auf den Transparenten, die die Gipfelstürmer mit sich führten. »Die Mauer muss weg, die Mauer muss weg«, skandierten sie. Und nach kurzer Kundgebung vor geschlossenem Tor geschah gegen 12.50 Uhr das Wunderbare: Die Pforten öffneten sich, der Weg zum Brocken war wieder frei. Ausgelassen winkend stürmten die Wanderer an verschreckten Grenzsoldaten vorbei, sangen, tanzten und feierten auf dem verschneiten Gipfel ein Volksfest.

Der Brocken ist schließlich seit Jahrhunderten der Stolz der Norddeutschen. Kein Berg weit und breit ragt höher in den Himmel, mit seinen 1 142 Metern nimmt der Harzgipfel nördlich der Mainlinie die Spitzenstellung ein. Die Wetterbedingungen haben fast schon Alpenformat. Schwere Stürme fegen das ganze Jahr über die baumlose Kuppe mit der Zwergstrauchheide. Von November bis tief ins Frühjahr hinein ist der Brocken zumeist verschneit. Bisweilen bietet sich von hier eine grandiose Fernsicht, doch häufiger noch liegt Nebel über dem steinernen Haupt.

Und wenn der Wind den Nebel zerreißt oder zaghafte Sonnenstrahlen durch düstere Wolken brechen, dann ist es, als wenn dämonische Mächte von dem Berg Besitz ergreifen. Nicht von ungefähr gilt der »Blocksberg« seit dem Mittelalter als Hexentanzplatz.

Goethe hat sich hier Anregungen für seine Walpurgisnacht im »Faust« geholt und allerlei Spuren hinterlassen. Der acht Kilometer lange Goetheweg vom Torfhaus zur Brockenspitze erinnert zum Beispiel daran, dass der Dichterfürst hier bereits 1777 herumkraxelte. Die überlieferte Kletterpartie gilt als erste Winterbesteigung. »Die Berge waren im Nebel, man sah nichts«, schreibt Goethe über den Beginn der abenteuerlichen Wanderung. Umso größer war sein Entzücken, als er schließlich am Ziel anlangte: »Ich hab's nicht geglaubt, bis auf der obersten Klippe. Alle Nebel waren unten, und oben war herrliche Klarheit.«

Ein halbes Jahrhundert später machte sich auch Heinrich Heine auf den Weg zum Harzgipfel. »Der Brocken ist ein Deutscher«, notierte der Spötter. »Der Berg hat so etwas Deutschruhiges, Verständiges, Tolerantes; eben weil er die Dinge so weit und klar überschauen kann.« Diese Sätze prägten sich so tief ein, dass sie auch bei der denkwürdigen Brockenerstürmung im Dezember 1989 zitiert wurden.

◁ An klaren Wintertagen lässt sich der Harz über viele Kilometer hinweg überblicken – wie hier in Richtung Torfhaus und Brocken.

Wie andere berühmte Zeitgenossen nächtigte Heine im Brockenhotel, das schon im Jahre 1800 errichtet worden war. Das Haus in den Wolken wurde 1945 durch Bomben der US-Luftwaffe zerstört. Seit Ende der neunziger Jahre bewirtet ein neues Hotel auf dem Brockenplateau seine Gäste. Gleich daneben steht die einstige »Stasi-Moschee«, die heute als Brockenhaus firmiert und nicht nur über Hexen, Harzpflanzen und -tiere informiert, sondern eben auch über die frühere Bestimmung des Bauwerks mit der großen Kuppel. Der Besucher erfährt hier, dass der Harzgipfel zu DDR-Zeiten der bedeutendste Horchposten Deutschlands war. Insgesamt vier Abhörkuppeln des Ministeriums für Staatssicherheit thronten auf dem Berg. Ein 40 Meter hoher Gittermast mit Richtfunkantennen stellte die Verbindung der Stasi zu den Spionen im Ausland her. Hier kamen die verschlüsselten Berichte der Agenten an, von hier aus wurden die Anweisungen übermittelt. Unter der Kuppel mit der riesigen Antennenschüssel, die noch im Original zu besichtigen ist, lauschten zwischen 1985 und 1989 28 hauptamtliche Stasi-Mitarbeiter im Schichtwechsel ins Land – über eine abhörsichere Direktleitung mit der Zentrale in Berlin verbunden.

Ein Viertel des abgeschotteten Brockenplateaus nahm das noch einmal zusätzlich eingezäunte Gelände der Sowjetarmee ein, auf dem rund 100 Soldaten zur Radarüberwachung stationiert waren. Auch während der eisigen Winterwochen. Nach der Grenzöffnung konnten die Sowjetsoldaten noch viele Monate von Wanderern bestaunt werden – eine Touristenattraktion mit tragischen Zügen.

Nach wie vor in Betrieb sind die Sendeanlagen für Fernsehen und Hörfunk. Schon 1936 wurde der erste Fernsehturm auf dem Brocken errichtet. Heute nutzen die Betreiber der Mobil- und Richtfunkmasten die exponierte Lage. Tradition hat zudem die Wetterwarte, die seit März 2010 als Klimareferenzstation des Deutschen Wetterdienstes fungiert.

Vor allem aber ist der Brocken ein beliebtes Wanderziel. Bis zu 1,5 Millionen Besucher sollen jährlich auf den Gipfel strömen – zu Fuß oder mit der Brockenbahn. Die Tage der Wiedervereinigungseuphorie, als Wandertrupps von Ost und West sich in der Höhe trafen, sind zwar längst Geschichte. Der mystische Reiz und die wilde Romantik üben aber offenbar immer noch eine große Anziehungskraft aus. Und wenn wie so oft der Nebel die Sicht verwehrt, helfen Zeilen von Goethe und Heine der Fantasie auf die Sprünge.

△ Die Straße zum Brocken windet sich durch Fichtenwälder. Wanderer indessen sollten lieber den ausgeschilderten Pfaden abseits der Asphaltpiste folgen, die im Winter allerdings nicht immer passierbar sind.

▷ Seiten 41/42: Mit seinen monströsen Sendeanlagen war der Brocken einst der herausragende Horchposten der DDR. Heute informiert eine Ausstellung im Brockenhaus über die Vergangenheit und die Landschaftsstruktur des »deutschen Berges«, nebenan im Brockenhotel ist für Speis und Trank gesorgt.

△ Beim Rundgang auf dem Brockenplateau eröffnen sich bisweilen fantastische Aussichten.

◁ Gipfelstürmer: Ein Granitfelsen mit Schrifttafel markiert den höchsten Punkt im Harz. Im Winter müssen sich die Brockenbesucher allerdings warm anziehen. Es weht ein eisiger Wind in 1142 Metern Höhe.

▷ Seiten 44/45: Traum in Weiß – die Winterlandschaft oberhalb der Baumgrenze lässt in ihrem frostigen Zauber an geheimnisvolle Mythen denken.

Aus der Fachwerkstadt in die Winterwelt

Mit der Harzer Schmalspurbahn von Wernigerode zum Brocken

Dieses heisere Tuten lässt aufhorchen. Mal klingt es wie ein Klageruf, dann wieder wie ein wütender Aufschrei. Dabei handelt es sich nur um das Warnsignal einer Lokomotive. Mit den durchdringenden Lauten kündigt sich über viele Kilometer hinweg die Harzer Schmalspurbahn an, bevor sie sich schnaufend nähert, Dampfwolken ausstößt und durchs Tal rattert. Ein vertrauter Ruf seit mehr als hundert Jahren.

Seit 1897 bereits bewegt sich das schwarz-rote Schienengefährt mit Volldampf durch den Harz. Drei Streckennetze wurden seinerzeit errichtet, um das norddeutsche Mittelgebirge mit seinen Bodenschätzen, seiner Kleinindustrie und den Holzvorkommen an die aufstrebenden Regionen in Deutschland anzukoppeln und gleichzeitig den Fremdenverkehr zu fördern. Erst nach dem Ende des Zweiten Weltkriegs kamen die Dampfloks zum Stillstand. Einen Teil der Schienen demontierten die sowjetischen Besatzungstruppen, ein anderer wurde gesperrt, weil nun die innerdeutsche Grenze das Netz durchschnitt. Zwischen Walkenried und Braunlage ist die Verbindung nach wie vor unterbrochen. Auf den übrigen Strecken im Ostharz aber bewegen sich die Züge wieder wie in alten Zeiten – zwischen Wernigerode und Nordhausen, zwischen Quedlinburg und Hasselfelde, zwischen Drei Annen Hohne und dem Brocken. Durch Buchen- und Fichtenwälder, Städte und Dörfer, enge Täler und Schluchten, über Bergkuppen mit Weitblick, vorbei an Schlössern und Fachwerkpalästen, neuen Hotels und verfallenden Bauwerken der jüngeren Vergangenheit. Auch Elend und Sorge sind Stationen – Orte, deren Namen an die Schattenseiten des Harzes denken lassen, die aber gleichwohl von landschaftlichem Reiz sind.

Besonders abwechslungsreich ist der Abschnitt zwischen Wernigerode und dem Brocken, eine Strecke, die von einer traditionsreichen Kulturlandschaft in die urwüchsige Bergwelt führt.

Auch an einem dunstigen Novembertag kann die Zugfahrt zum Erlebnis werden. Buntes Herbstlaub bedeckt die Gärten, die der Zug zu durchqueren scheint. Bunt sind auch die Fassaden der Wernigeröder Fachwerkhäuser in der schmalen Kirchstraße, durch die sich die Schmalspurbahn zwängt. Lautsprecherdurchsagen vom Band weisen auf Attraktionen am Wegesrand hin – die große Hochschule oder die nicht minder große Brauerei von Hasserode. Unversehens aber findet man sich plötzlich mitten im Wald wieder, blickt auf einen Wildbach oder einen aufgeschreckten Hasen. Schroffe Felsen und liebliche Buchenwälder wechseln sich

△ Für Eisenbahnliebhaber: In Wernigerode lässt sich zwischen Dampfloks und Kohlebansen Vergangenheit ganz gegenwärtig erleben.

hier ab, und der Dampf, den die Lok ausstößt, vermischt sich mit dem Bodennebel zu Luftgebilden, die an die Geister aus der Harzer Sagenwelt denken lassen. Melancholie hängt in den Zweigen – bisweilen untermalt vom heiseren Rufen der arbeitenden Maschine, das hier wie Seufzen klingt. Hinter Steinerne Renne schließlich wird es auf einmal ganz dunkel: der einzige Tunnel des 140 Kilometer langen Streckennetzes.

Wenig später schon eröffnet sich wieder ein weiter Panoramablick über das dunstige Tal. Wer will, darf auch draußen stehen und sich auf der Plattform zwischen den Waggons den Fahrtwind um die Ohren wehen lassen – nach Belieben stimuliert durch einen Schluck Schierker Feuerstein, jenen harztypischen Kräuterlikör, der vom Zugpersonal zum Kauf angeboten wird.

Hinter Drei Annen Hohne beginnt der Nationalpark Harz. »Wir erinnern an das Rauchverbot und bitten unsere Fahrgäste, im Interesse der Natur keine Gegenstände aus dem Zug zu werfen«, tönt es jetzt aus den Lautsprechern. Allmählich geht der Buchenwald in Fichtenwald über. Bei einem längeren Halt im Wintersportort Schierke tankt die Lok noch einmal Wasser auf, bevor sie sich keuchend auf die steilste Etappe der Reise macht. Von Schierke (685 Meter über dem Meeresspiegel) bis zum Brocken sind schließlich fast 500 Höhenmeter zu bewältigen. Wie seit alters her sorgt neben dem Lokführer ein Heizer in schweißtreibender Handarbeit dafür, dass der Maschine nicht die Kraft ausgeht.

Allmählich mischt sich immer mehr Weiß in das Landschaftsbild. Anfangs sind es nur einzelne Schneereste. Doch je höher sich der Zug mit sanftem Ruckeln emporarbeitet, desto winterlicher wird es. Schließlich sind die Hänge von einer geschlossenen Schneedecke überzogen, die Zweige der Fichten biegen sich unter ihrer weißen Last. Wie verzaubert mutet diese weihnachtlich anmutende Landschaft im November an. Raureifüberzogene Bäume und Sträucher ragen aus dem Schnee empor, märchenhaft und kältestarr. Schneeflocken wirbeln am Fenster vorbei und versetzen quengelnde Kinder und sächselnde Sachsen in Entzücken.

Schließlich beginnt sich der Wald zu lichten. Ein eisiger Wind fegt über Sträucher und Krüppelkiefern. Wie durch ein Wunder reißt auf einmal der Himmel auf und hinter den grauen Wolken zeigt sich strahlendes Blau. Damit bietet sich kurz vorm Ziel noch ganz unverhofft Fernsicht. Laut Lautsprecherdurchsage kann man nun von der Brockenkuppe bis zum Torfhaus und Wurmberg gucken. »Wahnsinn«, entfährt es einem Mitreisenden. Als die Fahrgäste dann aber in 1 125 Meter Höhe am Brockenbahnhof aussteigen, stellt manch einer fröstelnd fest, dass er falsch bekleidet ist. Die Reise vom Herbst in den Winter hat ihren Preis. Immerhin besteht die Möglichkeit, sich im Brockenhotel bei einem heißen Tee oder Glühwein aufzuwärmen – oder gleich die Rückreise in die mildere Zivilisation anzutreten.

◁ Seiten 48/49: Die Harzer Schmalspurbahn befördert ihre Passagiere aus den lieblichen Fachwerkstädtchen im Tal in eine raue Bergwelt aus Schnee und Eis.

△ Mit Volldampf durch den Ost-Harz: Das heisere Tuten
der kräftigen Lokomotive lässt aufhorchen –
ein vertrauter Ruf seit mehr als 100 Jahren.

△ Der Wald steht still und schweiget: Ausgedehnte Fichtenhaine wie hier bei Torfhaus prägen die norddeutsche Gebirgslandschaft.

▷ Künstliche Wasseradern durchziehen vielerorts die Harzwälder – Teil eines ausgeklügelten Wassersystems zum Betrieb der Bergwerke: das Oberharzer Wasserregal. 2010 wurde es zum UNESCO-Welterbe erklärt.

Todesschüsse in den Bergen

Die Wunden der deutschen Teilung heilen nur langsam – doch es gibt auch Erfolgsgeschichten

Heiko Runge war erst fünfzehn, als er am 8. Dezember 1979 mit seinem Freund Uwe Fleischhauer frühmorgens in Halle-Neustadt aufbrach, um in den Westen rüberzumachen. Die beiden Jungen, die als schlechte Schüler, aber gute Sportler galten, hatten Schulprobleme und Ärger mit den Eltern, nicht etwa politische Motive. Mit der Reichsbahn fuhren sie über Nordhausen in den Harz, wo es angeblich am einfachsten war, über die Grenze zu kommen. In Campingbeuteln hatten sie sich warme Sachen eingepackt, außerdem Konservendosen, Bücher, Zigaretten und Erdbeerwein. Sie steuerten den Grenzort Benneckenstein an. Die letzten Kilometer legten sie zu Fuß zurück – bei Nieselregen und dichtem Nebel. Mit einem alten Reiseatlas versuchten sie sich zu orientieren, nichts ahnend von Stolperdrähten, Signalzäunen und Selbstschussanlagen. Als sie gegen 15.30 Uhr in Sorge den Signalzaun passierten, schrillten im Kompaniegebäude der Grenztruppen die Alarmsirenen.

Gegen 16 Uhr endete ihre Flucht. Soldaten der 7. Grenzkompanie eröffneten das Feuer auf die Jungen, getreu dem Grundsatz: »Grenzverletzer sind aufzuspüren, festzunehmen, unschädlich zu machen oder zu vernichten.« Uwe warf sich nieder und ließ sich festnehmen, Heiko lief zurück in Richtung Osten. Zwei Grenzer, die sich hinter einem Erdwall verschanzt hatten, feuerten 51 Schüsse auf den Jungen ab. Eine Kugel war tödlich.

Als eine Staatsanwältin später Inge Runge über den Tod ihres Sohnes informierte, musste sich Heikos Mutter heftige Vorwürfe anhören. Sie habe »einen Landesverräter« geboren, wurde ihr vorgehalten. Gleichzeitig wurde sie zum Stillschweigen über den tödlichen »Grenzzwischenfall« verpflichtet. Heiko, hatte sie zu verbreiten, sei bei einem Verkehrsunfall ums Leben gekommen. Eine Todesanzeige hatte zu unterbleiben. »Der Kreis der Trauernden ist so klein wie möglich zu halten«, hieß es in einer Stasi-Anweisung. Die Grenzsoldaten erhielten eine »Medaille für vorbildlichen Grenzdienst« und wurden befördert.

Immer wieder waren Schüsse aus den Wäldern zu hören. Nirgendwo versuchten mehr DDR-Bürger über die innerdeutsche Grenze zu flüchten als im Harz. Das unwegsame Bergland verhieß Schutz, doch nicht selten endete ein Fluchtversuch tödlich. Sechs junge Menschen starben allein im Bereich des Grenzabschnitts

△ Reste der alten Sperranlagen erinnern in Sorge an die innerdeutsche Grenze, wo zahlreiche Menschen den Tod fanden – auch der erst fünfzehnjährige Heiko Runge.

Sorge: 1964 Peter Müller, 1966 Klaus Schaper, 1974 Wolfgang Vogler, 1979 Heiko Runge, 1981 Andree Bauer und 1983 ein sowjetischer Soldat, der anonym blieb.

Heute lässt sich der Todesstreifen im Harz an vielen Stellen kaum mehr erahnen. Nur einzelne Relikte erinnern an die Vergangenheit. In Sorge zum Beispiel. Beobachtungsturm und Hundelaufanlage sind hier ebenso erhalten wie ein Teil des Streckmetallzauns und das Grenztor. Im Bahnhof dokumentiert eine Grenzausstellung die Zeit der Teilung. Eine andere Art der Vergangenheitsbewältigung drückt der »Ring der Erinnerung« aus, ein Landschaftskunstwerk aus verrottenden Holzpfählen. Die Botschaft: Das Neue kann erst wachsen, wenn das Alte vergangen ist.

Den Bewohnern indessen bleibt zum Warten keine Zeit. Ihre Zahl hat sich in den Grenzorten des Ostharzes in den ersten beiden Jahrzehnten nach dem Ende der deutschen Teilung dramatisch reduziert. Die Jungen ziehen weg, die Alten bleiben zurück. In Sorge etwa leben nur noch 120 Menschen – halb so viele wie vor 1990.

Und die Wunden der Teilung heilen nur langsam. Formal ist der Harz zwar durch den Nationalpark geeint, in der Praxis jedoch überschatten Reibereien zwischen Ost und West den Landesgrenzen überschreitenden Tourismus. So entbrannte ein heftiger Streit um die Marke »Oberharz". Elf Ostharzgemeinden mit den ehemaligen Grenzdörfern Elend und Sorge haben sich nämlich zur Stadt »Oberharz am Brocken« zusammengeschlossen – sehr zum Leidwesen der bereits im Westharz existierenden Samtgemeinde Oberharz mit Clausthal-Zellerfeld als Zentrum.

Es gibt jedoch auch Erfolgsgeschichten zu erzählen. Eine dieser Geschichten dreht sich um »Kukkis Erbsensuppe« und handelt von einem früheren Offizier der Grenztruppen namens Jürgen Kurkiewicz, alias Kukki, der nach der Wende mit der Gulaschkanone vorfuhr und den Harztouristen Erbsensuppe servierte. Der Zuspruch war so durchschlagend, dass Kukki seine Suppe heute in großem Stil in Dosen abfüllen lässt.

Im Mittelpunkt einer anderen Erfolgsgeschichte steht der Schierker Hans Steinhoff, der sich einen Namen als Brockenwirt machte. Im Februar 1990 begann der frühere Chef einer Eisdiele des Freien Deutschen Gewerkschaftsbundes (FDGB), auf dem Harzgipfel Bockwurst und Gulaschsuppe anzubieten. Zwanzig Jahre später herrscht Steinhoff über ein Familienimperium mit vier Hotels, einem Café und Bahnhofsrestaurants auf dem Brocken und in Schierke. Den größten Ruhm trug ihm das Brockenhotel ein. Wo einst die innerdeutsche Grenze so hermetisch abgeriegelt war wie nirgendwo sonst im Harz, ist nun jeder zahlende Gast höchst willkommen.

◁ Die Wunden der deutschen Teilung sind auch heute noch nicht ganz vernarbt. Der frühere Grenzstreifen hat im Oberharz Spuren hinterlassen, wie sich aus der Vogelperspektive gut erkennen lässt.

◁ Das Große Torfhausmoor im Herbst: Die Rasige Haarsimse verwandelt das Harzer Hochmoor in einen goldbraunen Teppich.

▷ Seiten 58/59: Wo sich die Landschaft selbst bespiegelt: Zwischen Elend und Königshütte sorgt der Mandel-holz-Stausee für malerische Impressionen.

▷▷ Seiten 60/61: Der Heinrich-Heine-Weg führt durch das romantische Ilsetal – vorbei an plätschernden Gebirgsbächen und bemoosten Steinen.

△ Wie ein Märchenpalast thront das Schloss Wernigerode über der Fachwerkstadt.

△ Die Schlosskirche St. Pantaleon und Anna, deren Vorgängerbauten schon 1259 urkundlich erwähnt wurden, entstand in ihrer heutigen Form in der zweiten Hälfte des 19. Jahrhunderts – und scheint dennoch einen tiefen Einblick in mittelalterliche Frömmigkeit zu gewähren.

▷ Seiten 64/65: Weihnachtsmarkt vor dem Rathaus in Wernigerode – über den Buden mit ihren Glühwein- und Bratwurstdüften erhebt sich traditionell die funkelnde Weihnachtspyramide.

◁ △ Fachwerkhäuser in allen Farben und Formen verleihen dem Städtchen Wernigerode seinen ganz besonderen Charme – so auch das Schiefe Haus (oben) und das kleinste Haus der Stadt in der Kochstraße (unten).

Attraktionen der Unterwelt

Höhlen und Bergwerksstollen laden zur Reise in die Vergangenheit

Der Harz hat es buchstäblich in sich. Viele Attraktionen liegen unter der Erdoberfläche verborgen. Die Unterwelt ist reich an Höhlen und Bergwerksstollen – begehbaren Hohlräumen, die tiefe Einblicke in die Erd- und Menschheitsgeschichte vermitteln.

Ein Berufsschullehrer hat die Begegnung mit der Vergangenheit zu einem geradezu atemberaubenden Erkenntnisgewinn verholfen. Wenn Manfred Huchthausen aus dem Osteroder Ortsteil Förste in die Bronzezeit blickt, sieht er auf seine eigenen Vorfahren. Ein Gentest bewies, dass er mit einem Mann aus der Bronzezeit verwandt ist, dessen Knochen vor 3 000 Jahren in der Lichtensteinhöhle zur letzten Ruhe gebettet wurden – nur 500 Meter vom Wohnhaus des bodenständigen Harzers entfernt.

Besucht der Lehrer das Höhlenerlebniszentrum von Bad Grund, kann er seinem Verwandten aus der Bronzezeit in die Augen schauen. In dem Museum ist nämlich eine lebensechte Büste eines Mannes aus der Bronzezeit ausgestellt, die in kriminalistischer Kleinarbeit mit Hilfe aller verfügbaren Daten erstellt wurde. Man hat das Gefühl, dass der nachdenkliche Herr mit dem Vollbart und den langen, schwarzen Haaren gleich zu sprechen beginnt. Und tatsächlich: Das Höhlenerlebniszentrum Harz hat die Toten zum Sprechen gebracht. In fiktiven Gesprächen »zwischen gestern und heute« tauschen sich die Vorfahren an zehn Hörstationen mit ihren Nachfahren über ihre jeweilige Lebenssituation aus. Der eine staunt über Sonnenkult und Unterwelt, der andere über die Reise zum Mond.

Wer Lust hat, kann sich noch tiefer in die Vergangenheit begeben. Neben dem originalgetreuen Nachbau der Höhle mit den Bronzezeitmenschen ist die Iberger Tropfsteinhöhle zu bewundern. Der Besucher erfährt, dass der Iberg vor 385 Millionen Jahren als Korallenriff in der Südsee entstanden ist und sich durch die Verschiebung der Erdplatten vom Äquator in den Norden bewegt hat. Ein Riff auf Reisen. Der Klimawandel erscheint in dieser Höhle in einem anderen Licht. Und immer noch tropft es, immer noch entstehen aus Kalkablagerungen bizarre Gebilde – Zwergenkönige, versteinerte Wasserfälle, sagenhafte Fledermäuse.

△ Manfred Huchthausen im Kreise seiner Verwandten aus der Bronzezeit.

Auch in den beiden Tropfsteinhöhlen von Rübeland im Ostharz hat der stete Tropfen Märchenhaftes aus Stein geformt. Die Hermannshöhle verfügt über eine imposante Kristallkammer und beherbergt außer Fledermäusen auch Grottenolme, und die Baumannshöhle ist nicht nur reich an Tropfsteinschmuck, sondern bietet auch die traumhafte Kulisse für eine Naturbühne. Theateraufführungen und Konzerte stehen unter Tage auf dem Programm. 300 Besucher finden Platz im Goethesaal mit dem unterirdischen Wolfgangsee. Die Namensgebung soll daran erinnern, dass Johann Wolfgang von Goethe die Höhle gleich mehrmals besuchte.

Auch in den Rammelsberg stieg der Weimarer hinab – einen Hohlraum, der nicht durch den Zahn der Zeit, sondern durch Menschenhand entstand. Schon seit dem Mittelalter wurde aus dem Bergwerk bei Goslar Eisenerz gefördert: Silber, Kupfer, Blei und Zink. Sogar Gold fand sich hier im 18. Jahrhundert. Fasziniert studierte Goethe 1784 unter Tage die alte Technik des Feuersetzens, mit deren Hilfe einst Erz abgebaut wurde. »Schwarze Höhle, erleuchteter Kamin. Flammen, Geprassel, Rauch, Zug. Glut, Funken sprühen, Knall, dumpfes Getöse«, stand später auf seinem Notizzettel.

Erst 1988 wurde die Erzförderung nach rund 1000 Jahren eingestellt. Die Vorkommen hatten sich erschöpft, hieß es. Kurze Zeit später wurde das stillgelegte Bergwerk zum Museum umgestaltet. Über und unter Tage wird den Besuchern heute eindrucksvoll vor Augen geführt, wie sich die Arbeit der Bergleute über die Jahrhunderte hinweg entwickelt hat – von der Spitzhacke zum Presslufthammer, vom Grubengaul zur Elektrobahn, vom mittelalterlichen Wasserrad bis zu moderneren Duschen. Wer Lust hat, kann mit der Grubenbahn in den Berg einfahren oder auf Schusters Rappen in die Tiefe hinabsteigen. 1992 kürte die UNESCO den Rammelsberg zusammen mit der Altstadt von Goslar zum Welterbe.

Die gleiche Ehre wurde 2010 auch der Oberharzer Wasserwirtschaft zuteil, die den Bergbau schon vor 800 Jahren vorantrieb. Ein System aus kilometerlangen Gräben, künstlichen Teichen und unterirdischen Wasserläufen erzeugte die nötige Energie, um Entwässerungspumpen anzutreiben oder Erze zu verhütten.

Mittlerweile sind Dänen mit neuem Gerät im Harz angerückt, um zu untersuchen, ob es sich lohnt, den Erzabbau wieder aufzunehmen. Auf andere Art genutzt wird bereits der Eisensteinstollen in Bad Grund. Wo bis 1885 Erz abgebaut wurde, liegen heute Menschen mit Atemwegserkrankungen in Schlafsäcken und inhalieren die feuchte und nahezu staub- und keimfreie Luft im Innern des Berges.

△ ▷ Überall tropft es: In der Baumannshöhle von Rübeland haben wie in anderen Harzhöhlen Kalkablagerungen im Verlauf von Jahrtausenden bizarre Gebilde geschaffen – eine märchenhafte Naturkulisse für Theateraufführungen und Konzerte. Sogar ein See hat sich in der Unterwelt gebildet.

△ Das Wahrzeichen Halberstadts ist fraglos der Dom St. Stephanus und St. Sixtus, der als einer der schönsten Kirchenbauten der Gotik gilt. Mächtige Gewölbe umspannen das Mittelschiff.

△ Die Liebfrauenkirche in Halberstadt, die äußerlich an eine Burg erinnert, ist die einzige viertürmige Basilika aus der Zeit der Romanik in Nord- und Mitteldeutschland. Die Grundmauern der Westfassade stehen schon seit dem frühen Mittelalter.

△ Kloster Michaelstein, ein früheres Zisterzienserkloster in der Nähe von Blankenburg, blickt auf eine tausendjährige Geschichte zurück und bietet einen grandiosen Klangraum für alte und neue Musik.

△ Die Teufelsmauer zwischen Blankenburg und Ballenstedt im nördlichen Harzvorland ist umrankt von Sagen und Mythen. Gesichert ist, dass die Felsklippen aus hartem Sandstein bestehen und sich in verschiedenen Epochen im Verlauf der Kreidezeit gebildet haben.

▷ Seiten 76/77: Ein terrassenförmig angelegter Park umgibt das Kleine Schloss in Blankenburg, das sich etwas unterhalb des Großen Schlosses befindet. Wasserbecken, Sandsteinfiguren und gestutzte Hecken zieren diesen Garten im Stil der Barockzeit – im Frühjahr und Sommer setzen die Blumen mit ihrer Farbenpracht zusätzliche Akzente.

△ Licht und Schatten verleihen der urwüchsigen Landschaft des Bodetals eine ganz eigene Schönheit. Wer in die zerklüfteten Täler eintaucht, findet Ruhe und Frieden abseits des Alltagslärms.

▷ Als Attraktion des Bodetals gilt die Rosstrappe. Auf diesem Granitmassiv soll einst die Königstochter Brunhilde mit ihrem riesigen Pferd gelandet sein, als sie vor einer drohenden Zwangsheirat geflüchtet und vom Hexentanzplatz gesprungen war. Die sagenhaften Spuren erinnern bis heute daran.

▷▷ Seiten 80/81: Im Südwesten der Altstadt von Quedlinburg erhebt sich über den Dächern der Stadt der Schlossberg. Auf dem steil abfallenden Sandsteinfelsen steht die Stiftskirche St. Servatius mit ihren beiden markanten Türmen neben dem dreiflügeligen Renaissanceschloss.

△ ▷ Die Quedlinburger Stiftskirche St. Servatius gehört mit ihrem kreuzförmigen Grundriss zu den bedeutendsten romanischen Kirchen in Deutschland. Die 1129 geweihte Basilika trat die Nachfolge von drei Vorgängerbauten an. Der Innenraum des monumentalen Sandsteinbaus einschließlich der Krypta ist durch Säulen und Pfeiler gegliedert.

83

△ ▷ Der belebte Marktplatz von Quedlinburg ist Teil des Welterbes der UNESCO – einschließlich des Rolands vor dem Rathaus. Mit 1 200 Fachwerkhäusern aus sechs Jahrhunderten ist der historische Stadtkern der Harzmetropole eines der größten Flächendenkmale Deutschlands. Doch all dies ist kein Grund, in Respekt zu erstarren: Es lässt sich entspannt leben zwischen all dem altehrwürdigen Gemäuer.

◁ △ Die Stiftskirche St. Cyriakus in Gernrode blickt auf gut tausend Jahre eigene Geschichte zurück und ist damit eine der ältesten Kirchen Nordeuropas. Wie durch ein Wunder ist im südlichen Seitenschiff ein einzigartiger Raum erhalten geblieben: die älteste Nachbildung des Grabes Christi in Deutschland. Auch das angeschlossene Kloster, es wurde bereits im 10. Jahrhundert errichtet, hat dem Wandel der Zeiten getrotzt – als einziges nahezu unverändert gebliebenes Bauwerk aus ottonischer Zeit.

△ Ballenstedt, eine Kleinstadt am nördlichen Rand des Ostharzes, erhält ihr Gepräge vor allem durch die ein Kilometer lange Allee, die zum Schloss führt. Dessen dreiflügeliger Bau entstammt der Barockzeit. Albert Lortzing und Franz Liszt führten hier ihre Werke auf.

△ Der Tisch ist gedeckt: Auf Burg Falkenstein, die sich hoch über dem Selketal zwischen Aschersleben und Harzgerode erhebt, kann man nicht nur bestaunen, wie die Herrschaften in früheren Jahrhunderten getafelt haben, sondern auch selbst speisen. Die Burggaststätte »Krummes Tor« hält manchen Leckerbissen bereit.

△ Verschnaufpause: Vom Bahnhof Alexisbad geht es mit der
Schmalspurbahn durchs Selketal nach Stiege und Harzgerode.

△ Ein Gebirgsbach im Selketal: Bisweilen wird der plätschernde Wasserlauf auch zum reißenden Strom.

△ Die mittelalterliche Ritterstatue mit dem leuchtend roten Mantel, dem Wappenschild und der goldenen Krone ist das Wahrzeichen der Stadt Nordhausen. Der Roland wacht über das alte Rathaus.

△ Zu den Sehenswürdigkeiten der Stadt Stolberg zählt der Saigerturm, der sich gegenüber dem Rathaus erhebt und bereits im 13. Jahrhundert erbaut wurde. Der Name geht auf eine Schmelzhütte zurück, die im Mittelalter neben dem Turm stand. Ausschmelzen nämlich hieß einst aussaigern.

△ Unter den Dächern Stolbergs spielten sich einst geschichtsträchtige Ereignisse ab. Besonders der Deutsche Bauernkrieg hielt die Stadt im Südharz in Atem.

◁ Die verwinkelten Gassen laden ein zum Bummel durch das beschauliche Fachwerkstädtchen, in dem 1489 der Theologe und Bauernführer Thomas Müntzer geboren wurde.

◁ Ein Teil des Oberharzer Wasserregals

Titel:
Großes Bild: Blick vom Ilsestein auf das Ilsetal; kleine Bilder (von links nach rechts): Schloss Herzberg, Bahnhof Alexisbad, kleinstes Haus von Wernigerode

Seite 1:
Figur am Rathaus von Wernigerode

Seiten 2/3:
Harzer Schmalspurbahn auf dem Weg zum Brocken

Die Deutsche Nationalbibliothek verzeichnet diese Publikation in der Deutschen Nationalbibliografie; detaillierte bibliografische Daten sind im Internet über http://dnb.ddb.de abrufbar.

Alle Rechte vorbehalten. Reproduktionen, Speicherungen in Datenverarbeitungsanlagen, Wiedergabe auf fotomechanischen, elektronischen oder ähnlichen Wegen, Vortrag und Funk – auch auszugsweise – nur mit Genehmigung des Verlages.

© Hinstorff Verlag GmbH, Rostock 2011
www.hinstorff.de

1. Auflage 2011
Herstellung: Hinstorff Verlag GmbH
Lektorat: Thomas Gallien
Karte: Stefan Jarmer
Druck und Bindung: optimal media production gmbH
Printed in Germany
ISBN 978-3-356-01427-3